G
airson
Gàidheal

G airson Gàidheal

Aibidil de Chultar nan Gàidheal an Albainn Nuaidh

Sgrìobhte le Shelayne Hanson

Dealbhan le Etta Moffatt

bradan press

Halafacs, Alba Nuadh
Canada

Chaidh *G airson Gàidheal: Aibidil de Chultar nan Gàidheal an Albainn Nuaidh* fhoillseachadh an toiseach le Clò a' Bhradain ann an 2021.

Clò a' Bhradain
Halafacs, Alba Nuadh, Canada
info@bradanpress.com | www.bradanpress.com

Teacsa tùsail © 2021 Shelayne Hanson
Eadar-theangachadh © 2021 Mairead Pheatan
Dealbhan agus dealbh a' chòmhdaich © 2021 Etta Moffatt
Dealbh an ùghdair © 2021 Lindsay Graves Photography

Gach còir glèidhte. Chan fhaodar cuid sam bith dhen leabhar seo ath-nochdadh, a thasgadh ann an co-rian lorg no a chraobh-sgaoileadh, ann an cruth sam bith no air mhodh sam bith, dealantach, uidheamach no tro dhealbh lethbhric, clàraidh no eile, gun chead ro-làimh ann an sgrìobhadh bhon sgrìobhadair is bhon fhoillsichear.

Eagran Gnàthachas Litreachadh na Gàidhlig (GOC)
ISBN 978-1-988747-75-0 (leabhar bog)
ISBN 978-1-988747-77-4 (leabhar-d, EPUB)

Library and Archives Canada Cataloguing in Publication

Title: G airson Gàidheal : aibidil de chultar nan Gàidheal an Albainn Nuaidh / sgrìobhte le Shelayne Hanson ; dealbhan le Etta Moffatt.
Other titles: G is for Gael. Scottish Gaelic
Names: Hanson, Shelayne, author. | Moffatt, Etta, 1960- illustrator. | Pheatan, Mairead, 1954- translator.
Description: Eagran Gnàthachas Litreachadh na Gàidhlig (GOC). | Translation of: G is for Gael. | Eadar-theangachadh, Mairead Pheatan. | Text in Scottish Gaelic with Gaelic Orthographic Conventions.
Identifiers: Canadiana (print) 20200356496 | Canadiana (ebook) 2020035650X | ISBN 9781988747750 (softcover) | ISBN 9781988747774 (EPUB)
Subjects: LCSH: Alphabet books. | LCSH: Scottish Gaelic language—Alphabet—Juvenile literature. | LCSH: Scottish Gaelic language—Terms and phrases—Juvenile literature. | LCSH: Scots—Nova Scotia—Social life and customs—Juvenile literature.
Classification: LCC PB1537 .M36 2021 | DDC j491.6/3813—dc23

COMHAIRLE NAN
LEABHRAICHEAN
THE GAELIC BOOKS COUNCIL

Tha Clò a' Bhradain ag aithneachadh le buidheachas Comhairle nan Leabhraichean a chuidich am foillsichear le cosgaisean an leabhair seo.

TABHARTAS AN ÙGHDAIR

Airson Abaidh agus Ella, tha gaol agam oirbh…
Agus do luchd-teagaisg agus oideachain na Gàidhlig a bha cho foighidinneach, tapadh leibh gu mòr!

FACAL DO LUCHD-TEAGAISG BHON ÙGHDAR

Tha na Gàidheil an lùib nam buidhnean cultair a chuidich gus mòr-roinn Albann Nuaidh a mhìneachadh san latha an-diugh. Ann a bhith a' sgrìobhadh an leabhair seo, 's e bh' air m' aire ach taic a thoirt do luchd foghlaim nam bun-sgoiltean le goireas oideachaidh. Mar leabhar airson a leughadh an àird no a leughadh riut fhèin, cuidichidh *G airson Gàidheal* na tidsearan agus sgoilearan gus doimhneachadh a dhèanamh air an tuigse a th' aca ann an cultar nan Gàidheal ann an Albainn Nuaidh, agus air an luach a th' ann. Faodaidh tidsearan an leabhar seo a chleachdadh mar thoiseach-tòiseachaidh airson cnuasachadh, agus airson a bhith a' brosnachadh tuilleadh sgrùdaidh agus ath-innse, neo airson a bhith a' dealbhachadh tuigse nan sgoilearan. Faodar an leabhar seo a chleachdadh airson sgoilearan a chuideachadh gus a bhith a' comharrachadh Mìos nan Gàidheal an Albainn Nuaidh, agus fad na bliadhna airson builean ionnsachaidh na mòr-roinne a choisneadh. Airson barrachd bheachdan-smuain agus goireasan teagaisg, tadhalaibh air làrach-lìn Clò a' Bhradain: bradanpress.com.

RO-RÀDH

'S e daoine air leth a th' anns na Gàidheil agus tha an cultar aca air buaidh a thoirt air sluagh na h-Albann Nuaidhe ann an iomadh dòigh. A dh'aindeoin oidhirpean air bacadh a chur air an cànan agus fèin-aithneachadh anns na làithean a dh'fhalbh, tha Gàidheil na h-Albann Nuaidhe a-nis air dearbhadh gus ath-nuadhachadh a dhèanamh agus gus urram a thoirt dhaibh fhèin mar shluagh. Suas leis a' Ghàidhlig!

Suas leis a' Ghàidhlig!

A

airson Alba Nuadh.

'S e "Nova Scotia" a th'aig luchd na Beurla air "Alba Nuadh" ach 's ann bhon Laidinn a thàinig an t-ainm bho thùs. Tha "Nova" a' ciallachadh "Nuadh" no "Ùr" agus tha "Scotia" a' ciallachadh "Alba." Thug na Gàidheil ann an Albainn Nuaidh ainmean Gàidhlig do chuid de na h-àiteachan far an do thuinich iad. Tha Alba Nuadh mar phàirt do *Mi'kma'ki*, am fearann dualchasach aig na tùsanaich, na *Mi'kmaq*. Is iadsan a bha seo an toiseach.

B

airson breacan.

'S e pàtran de sgrìoban iomadh-dhathte, a' siubhal tarsaing a chèile, a th'ann am breacan. Bha na Gàidheil a' fighe aodach breacan fad linntean. Tha e a-nis mar phàirt de chultaran na h-Alba agus na h-Albann Nuaidh. Faodar caochladh bhreacain a chleachdadh mar chomharra theaghlaichean, bhuidhnean agus fiù 's bheachdan-smuain. Tha a breacan fhèin aig Albainn Nuaidh agus aig a h-uile mòr-roinn eile ann an Canada.

C airson cèilidh.

Is toil leis na Gàidheil ann an Albainn Nuaidh a bhith a' dol air chèilidh air a chèile. Sin an t-àm airson a bhith ag innse sgeulachdan, a' seanchas, a' gabhail òrain agus a' cluich port no dhà air an fhidhill còmhla ri teaghlach is càirdean. Aig cèilidh, faodar cuideachd a bhith ag òl strùpag de thì, a' blasadh air aran-coirce, a' bruidhinn na Gàidhlig, agus ag innse naidheachdan èibhinn.

D

airson dannsa.

Thug na Gàidheil diofar dhòighean dannsa gu Albainn Nuaidh. Ann an dannsa-ceum, bidh na dannsairean a' cumail an gàirdeannan teann rin taobh agus an casan teann ris an ùrlar, agus bidh iad a' bualadh a-mach an ruitheam len casan, caran coltach ri fuaim nan druma. Anns an dannsa Ghàidhealach, bidh gàirdeannan nan dannsairean gu tric air an togail an àird, agus bidh an cuid cheuman gu math àrd bhon ùrlar.

E

airson eilthireachd.

Tha eilthireachd a' ciallachadh gum feum thu do dhachaigh ann an aon dùthaich fhàgail agus dachaigh ùr a dhèanamh ann an dùthaich eile. O chionn còrr is dà cheud bliadhna, dh'fhàg Gàidheil Alba agus shiubhail iad tarsaing a' Chuain Shiair ann am bàtaichean-siùil fiodha airson dachaighean ùra a stèidheachadh an Albainn Nuaidh. 'S e an *Hector* aon bhàta ainmeil a thàinig 's a thug Gàidheil gu Pictou ann an 1773.

F

airson fidheall.

'S e an aon ionnsramaid a th'ann am fidheall agus "*violin*." Anns a' Bheurla, nithear taghadh air an ainm as freagarrraiche a rèir dè seòrsa ciùil a thathar a' cluich. 'S e a bhith a' dannsa còmhla ri ceòl na fidhle nòs a tha còrdadh ri mòran Ghàidheil. Bidh mìltean de phuirt Ghàidhlig bho Albainn Nuaidh gan cluich aig fìdhlearan òg agus sean.

G

airson Gàidheal.

Bidh Gàidheil ann an Albainn Nuaidh a' toirt urram shònraichte do thraidiseanan. Bidh na Gàidheil a' co-phàirteachadh an cuid thraidiseanan, cultar agus cànan ge bith càit' an siubhal iad. Tha mòran de Ghàidheil à Albainn Nuaidh ag ionnsachadh às ùr mu dhualchas an teaghlaichean agus a' tuigsinn gur e rud air leth àraid a th' ann a bhith nad Ghàidheal.

H

airson hocaidh.

O chionn ceud bliadhna, dh'innlich sgoilearan an geama hocaidh-deigh nuair bha iad airson a bhith ris a' gheama Ghàidhealach, camanachd, feadh a' gheamhraidh. Tha camanachd air a cluich an Alba air raointean feòir, ach an Albainn Nuaidh chluich iad i air na pòin is lochan reòite ann an geamhraidhean fuar na h-Albann Nuaidhe. 'S e hocaidh-deigh an spòrs is annsa leis na Canèideanaich.

I

airson iomairteach.

Ràinig na Gàidheil Albann Nuadh mus do nochd innealradh, dealan no bùithean. Dh'obraich iad gu cruaidh airson bith-beò, a' leagail chraobhan airson taighean a thogail, agus a' cur bàrr. An dèidh ùine, chaidh feadhainn a dh'obair air bailtean agus anns na mèinean-guail. Uaireannan, dh'fheumadh iad an dachaighean fhàgail a lorg cosnaidh.

L

airson luadh.

'S e luadh an dòigh air aodach-clòimhe ùr a dheasachadh gus a bhith blàth agus dìonach. Mus do nochd factaraidhean airson na h-obrach a dhèanamh, chruinnicheadh Gàidheil timcheall air bòrd fada airson an t-aodach a luadh. Fhliuchadh iad e agus bhuaileadh iad e air a' chleith-luaidh ri ruitheam nan òran obrach. Bidh Gàidheil Albann Nuadh fhathast a' cruinneachadh còmhla a' gabhail nan òran agus a' gluasad plaide chlòmha mu thimcheall a' bhùird airson tlachd.

M

airson min-choirce.

Gheibh sinn min-choirce bhon ghràn, coirce, a bhios a' fàs ann an Alba agus Albainn Nuaidh. Ma 's toil leat lite no brochan, 's toil leat coirce. 'S e biadh fallain a th'ann a bhios na Gàidheil a' cur ann am mòran den bhiadh is fheàrr a chòrdas riutha. 'S toil le Gàidheil ann an Albainn Nuaidh a bhith a' dèanamh aran-coirce, a tha caran coltach ri briosgaidean milis.

N

airson naoimh.

'S e Naomh Calum Cille a thug Crìosdaidheachd bho Èirinn gu Alba an toiseach. Còrr is mìle bliadhna às dèidh sin, thug na Gàidheil an creideamh Crìosdaidh leotha gu Albainn Nuaidh. Chum iad Naomh Calum Cille nan cuimhne agus dh'ainmich iad eaglaisean air a shon. Bidh corra Ghàidheal fhathast a' leantainn chleachdaidhean agus a' gabhail ùrnaighean bho chreideamh an sinnsearan.

O airson òigridh.

Aig fèisean, campaichean agus sgoiltean, bidh clann òg agus deugairean a' bruidhinn na Gàidhlig agus ag ionnsachadh mun cheòl, eachdraidh agus mu thradaiseanan nan Gàidheal. Bidh mòran òigridh a' cur seachad ùine ag ionnsachadh mun chultar agus a' co-phàirteachadh na dh'ionnsaicheas iad. Len cuid taic, tha a' Ghàidhlig agus cultar nan Gàidheal beò agus a' soirbheachadh ann an Albainn Nuaidh.

P

airson peanas.

O chionn fhada, bhiodh clann-sgoile a bhruidhneadh Gàidhlig air am peanasachadh. Cha robh e ceadaichte dhaibh ach a' Bheurla a bhruidhinn agus ionnsachadh. B' e aon pheanas a bh'ann a bhith a' cur sliosnag fiodh timcheall amhach an sgoileir. An dèidh peanas mar seo, sguir mòran chloinne a bhruidhinn na Gàidhlig, agus cha bhruidhneadh iad sìon tuilleadh ach a' Bheurla.

R

airson ràithean.

'S e a bhith ri moladh nan ràithean aon dòigh a bh' aig na Gàidheil air ceangal a dhèanamh eadar nàdar agus an coimhearsnachd. Tha na ràithean, tràthan na gealaich, agus an t-sìde air an comharrachadh ann an sean-fhaclan agus beul-aithris. 'S e seann chleachdaidhean Gàidhealach a th'ann a bhith a' cur ort aodach coimheach agus a' snaidheadh thùirneapan air Oidhche Shamhna, air an 31 den Dàmhair.

S

airson sgeulachd.

Nuair thèid na Gàidheil air chèilidh, bidh daonnan sgeulachdan aca. 'S e spòrs a th'anns na sgeulachdan agus tha iad mar phàirt àraid de chultar nan Gàidheal: sàr sgeulachdan mu Fhionn MacCumhail, sgeulachdan mu na sìthichean, agus naidheachdan beaga ùra mu rudan èibhinn no neònach a thachair. Tha sgeulachdan feumail airson ar dualchas agus ar cànan a sgaoileadh.

T

airson turas.

O chionn fhada, bha uachdarain-fearainn an Alba airson am fearann a chur fo chaoraich. Thugar air na mìltean de Ghàidheil an dachaighean fhàgail. B' fheudar do chuid an turas fada, cunnartach a ghabhail tarsaing a' chuain gu Albainn Nuaidh.

U

airson ùrachadh.

Bha na Gàidheil fad ùine mhòr air an dì-mholadh gus an cànan fhèin a bhruidhinn. Thugar orra saoiltinn nach robh luach an t-snàithlin nan cultar. San latha an-diugh, tha na Gàidheil ag ùrachadh an cuid cultair le bhith ag ionnsachadh agus a' bruidhinn na Gàidhlig, a' gabhail nan òran, ag innse sgeulachdan, a' cluich phuirt, agus a' dannsa.

An Aibidil

Tha ochd litir deug ann an aibidil na Gàidhlig. Bidh na Gàidheil a' cleachdadh nan litrichean sin airson faclan a chur ri chèile airson òrain, sgeulachdan agus leabhraichean. Aig aon àm, o chionn fhada, bha ainm craoibh no luis ceangailte ri gach litir airson cuideachadh gus an aibidil ionnsachadh agus a cuimhneachadh.

A B C D E
F G H I L
M N O P R
S T U

www.ingramcontent.com/pod-product-compliance
Lightning Source LLC
Chambersburg PA
CBHW041148070526
44579CB00004B/53